PROFIL BIOGRAPHIQUE

LE

Dᴿ DÉSIRÉ THOLOZAN

MÉDECIN DE S. M. LE SCHAH DE PERSE

PARIS

IMPRIMERIE A. LAHURE

9, RUE DE FLEURUS, 9

1890

LE DR DÉSIRÉ THOLOZAN

PORTRAIT DU DOCTEUR D. THOLOZAN
Peint par Serendat de Belzim.

LE

Dʳ DÉSIRÉ THOLOZAN

MÉDECIN DE S. M. LE SCHAH DE PERSE

PARIS

IMPRIMERIE A. LAHURE

9, RUE DE FLEURUS, 9

1890

LE Dᴿ DÉSIRÉ THOLOZAN

Joseph-Désiré Tholozan, savant français, médecin de S. M. Nasser-Eddin Schah de Perse, et dont le nom dans l'histoire sera inséparable de celui du grand monarque oriental, est né à Diego Garcia, dépendance de l'île Maurice, le 8 octobre 1820.

Sa carrière comprend deux parties bien distinctes, celle consacrée à la pratique de la médecine et de la chirurgie, et celle qu'il dut réserver forcément et malgré lui, à la politique et à la diplomatie. Car, ainsi qu'on le verra plus loin, Tholozan, bien que nullement préparé par ses études antérieures et sa profession à de pareilles fonctions, se montra aussi expérimenté dans ces deux arts, qui exigent des connaissances et des aptitudes toutes spéciales, et y déploya non moins de talent et d'habileté que dans l'art de soigner les maladies humaines et d'en rechercher les causes mystérieuses.

Tholozan doit à son travail, à sa grande intelligence et à son seul mérite la haute situation qu'il occupe; il est le fils de ses œuvres. Il fit presque toutes ses classes à Port-Louis (île Maurice), dans les institutions Singery et Faraguel. Ses camarades (nous pouvons citer le témoignage de deux d'entre eux qui furent bien heureux de le retrouver à Paris après une longue séparation, le célèbre physiologiste Brown-Séquard et Édouard Serendat, l'ancien consul général du Portugal) ont conservé le souvenir de ses succès de collège. C'était un fort en thème. Tholozan fit en 1838, à Marseille, sa philosophie, et y remporta le prix d'honneur.

En 1839, nous le trouvons dans la même ville, interne chirurgien.

Au concours, en 1840, il est admis dans la médecine militaire et envoyé, en qualité de médecin, en Corse, où il réside pendant les années 1840, 1841 et 1842.

En 1845 il passe brillamment, à la Faculté de médecine de Paris, ses examens et sa thèse de doctorat.

Il est nommé en 1847, au concours, le premier de la promotion des aides-majors, et avec ce grade, puis celui de médecin-major, il est successivement attaché à divers régiments français.

Pendant la cruelle insurrection de juin 1848, il commande une ambulance.

En 1849, il est reçu, à l'École de médecine militaire, comme professeur agrégé.

A cette époque éclate à Paris l'épidémie de choléra, qui fit de si nombreuses victimes. Tholozan se dévoue corps et âme aux malades, et ayant déjà l'intuition de l'avenir, qui devait d'une manière presque constante le mettre face à face avec cette terrible maladie, il s'applique à en découvrir l'origine et la cause, en pratiquant de sa propre main plus de cent autopsies de cholériques.

En 1854 et 1855, il fait la campagne de Crimée, comme médecin de l'armée.

Nous arrivons maintenant au point culminant de sa carrière. Le Schah de Perse, ayant exprimé au gouvernement français le désir d'attacher à sa royale personne un savant praticien de la Faculté de médecine de Paris, Tholozan fut de suite désigné, au choix de ce dernier, par ses hautes capacités, sa grande expérience, le talent dont il avait donné tant de preuves, et le rang qu'il avait su conquérir dans le monde médical.

En 1858, il se rend à Téhéran, et entre au service de Sa Majesté le Schah. Le souverain et le médecin, liés par une mutuelle sympathie, passent ensemble un bail, qui devait durer trente et un ans, sans interruption.

L'exercice de la médecine, la science, l'étude

de l'hygiène publique, prirent la plus grande
partie du temps de Tholozan, pendant ce long séjour en Perse; mais les circonstances et sa situation le mirent aussi dans la nécessité de s'occuper
des questions d'État, politiques et diplomatiques.
Le Schah ne fut pas long, on le comprend, à juger
l'homme, et à lui donner toute la confiance dont
il était digne. Tholozan devint ainsi le conseil
toujours consulté et toujours écouté du monarque,
qu'il accompagnait dans ses moindres expéditions,
et dans tous ses voyages à l'étranger. C'était là une
lourde responsabilité, un rôle plein de difficultés
et d'écueils, et exigeant au plus haut point des
qualités qui ne s'acquièrent que par une longue
pratique des affaires et des hommes. Il fallait, en
effet, avoir assez de tact et de sûreté de main,
pour ne pas susciter autour de soi des froissements,
des jalousies, des rivalités, et, d'un autre côté,
s'ingénier à tenir la balance toujours égale dans
les conflits incessants, entre les intérêts russes et
anglais en Asie. Tholozan s'acquitta avec le plus
complet succès de toutes les missions qu'il eut à
mener à bonne fin. Il réussit à conserver non
seulement la confiance du Schah, mais aussi la
sympathie et la bienveillance de tout l'entourage
du puissant monarque, enfin à se ménager l'estime et la gratitude des deux grandes nations
européennes précitées, qui, à diverses reprises,
le remercièrent, en termes chaleureux, de son

intervention impartiale et désintéressée, et lui
conférèrent les plus hauts insignes de leurs ordres.

Tholozan est commandeur de la Légion d'honneur, commandeur de Saint-Michel et Saint-
George d'Angleterre, grand-cordon de François
Joseph d'Autriche, grand-cordon de Saint-Stanis-
las de Russie, grand-cordon de la Couronne de
Prusse, grand officier de Léopold de Belgique,
d'Abdul-Aziz de Turquie, et de la Couronne d'Italie,
grand-cordon du Lion et du Soleil de Perse. Il pos-
sède le portrait du Schah, enrichi de diamants,
ce qui n'est octroyé par ce monarque qu'aux têtes
couronnées.

Malgré cette vie toute d'action, Tholozan trou-
vait des loisirs qu'il consacrait à des travaux scientifiques et d'érudition. La liste est longue des
ouvrages publiés par lui. Toutefois, les deux maladies qu'il étudia plus spécialement, parce qu'il
avait à sa disposition un champ d'observations et
d'expériences pour ainsi dire permanent, sont le
choléra et la peste. Il résulte des nombreux et
remarquables travaux du maître sur l'un et l'autre
fléau, les conclusions suivantes, qui sont en com-
plète opposition avec les doctrines jusqu'alors
admises et enseignées :

Peste : 1° « La peste peut aussi bien prendre
naissance dans des localités montagneuses, et sur
un sol granitique ou calcaire, que dans des pays
bas, marécageux, et sur un sol d'alluvion;

2° Elle ne dure que peu de temps dans la même localité ; après s'y être développée, elle disparaît. Elle est sujette à des périodes d'éclipse totale, qui durent quelquefois de 30 à 40 ans.

3° Elle est éminemment contagieuse dans les localités où elle a fait son apparition, et quelquefois elle est transportée par voie de contagion de cette localité dans d'autres du voisinage. A part les temps de manifestation épidémique généralisée, dont on ne connaît pas au juste la cause, elle ne se transporte pas à de grandes distances. Les épidémies violentes proviennent plutôt d'éclosions simultanées dans un grand nombre de localités, que du transport des germes de la maladie à de grandes distances par voie de contagion.

4° Comme toutes les épidémies, elle a des caractères qui varient suivant le temps et le milieu où on l'observe : quelquefois les manifestations sont légères, quelquefois, au contraire, elles acquièrent, dès le début, une gravité exceptionnelle. La cause de ces variations est inconnue.

5° Elle débute généralement dans de petits villages dont la population est malheureuse et n'a aucune notion des soins hygiéniques.

6° Dans les quarante dernières années, les points où l'on a observé le développement de la peste sont : 1° la province de Benghazi, dans la Tripolitaine, à l'est de la Tunisie ; 2° le pays des Assyrs, pays montagneux au sud de la Mecque,

en Arabie ; 3° le Kurdistan persan ; 4° la Mésopotamie, où elle a ses plus fortes explosions ; 5° la
ville de Recht, en Perse, aux environs de la mer
Caspienne ; 6° les petites localités de la Russie
méridionale, sur le Volga.

Choléra. — 1° Comme la peste, le choléra pré-
sente des épidémies de gravité différente. Des
choléras légers aux choléras graves, il y a une
échelle de transition non interrompue, en Europe
comme dans l'Inde.

2° Les grandes épidémies de choléra, celles qui
se généralisent et envahissent le monde entier,
tiennent à des causes qui ne sont pas connues.
Le choléra est une maladie contagieuse sans
doute ; mais ce n'est pas cette contagion qui peut
expliquer les grandes épidémies. C'est pourquoi
à l'aide des mesures quarantenaires on n'a jamais
pu arrêter dans leur marche envahissante ces
épidémies.

3° Les germes du choléra peuvent rester, en
Europe même, plusieurs années dans un état
d'assoupissement complet, pour se réveiller en-
suite et donner naissance à des épidémies aussi
meurtrières que celles qui viennent directement
de l'Inde.

Tholozan a, le premier, étudié les lésions anato-
miques du choléra et signalé qu'il se produit dans
cette maladie des extravasations sanguines, dans
différents organes centraux, entre autres dans le

cœur et dans la moelle épinière. On peut consulter à cet égard l'ouvrage qu'il a publié en 1849 sous ce titre : *Recherches sur quelques points d'anatomie et de physiologie pathologiques du choléra.*

A ces résultats scientifiques nous ajouterons que, dès l'année 1859, le savant praticien, dans son étude sur le développement de la phtisie dans l'armée, a démontré, ce qui a été reconnu depuis, que cette grave maladie est de nature essentiellement infectieuse et contagieuse.

Tholozan est membre correspondant de l'Académie des sciences de Paris, associé national de l'Académie de médecine, membre de la Société épidémiologique de Londres et de la Société de chirurgie de Paris, etc.

Pendant ses trente et une années de séjour ou plutôt de campagne en Perse, Tholozan n'oublia qu'une seule chose, c'est de songer à ses intérêts personnels et de faire fortune. Le cabinet du médecin et chirurgien ne désemplissait jamais, mais sa cassette restait le plus souvent vide. C'est qu'il ne faisait aucune distinction entre le client pauvre, aisé, ou riche, et laissait chacun libre d'apprécier et de reconnaître, comme bon lui semblait, les services reçus : fonctionnaire rétribué par le Schah, il eût cru manquer à la délicatesse et à l'honneur en fixant ou en réclamant un honoraire pour ses consultations ou ses opérations.

Aussi est-il en Perse l'objet d'un véritable culte,

et le Schah qui, à raison de sa santé, n'a consenti
à lui accorder qu'un congé temporaire, ne veut
ou ne peut envisager l'éventualité de sa retraite
définitive !

Nous ne terminerons pas cette notice sans
montrer comment sont appréciés en Angleterre le
caractère et le talent de Tholozan, ainsi que les
services qu'il a rendus à la science et à l'humanité.

C'est le journal « The Lancet » qui, dans son
numéro du 20 juillet 1889, rend compte, en ces
termes, du banquet que la Société épidémiologique
de Londres avait offert au savant français.

« Le dîner organisé en l'honneur du médecin
du Schah, bien qu'il ait eu moins de retentissement
que beaucoup d'autres événements qui se ratta-
chent au séjour du monarque persan parmi nous,
ne doit pas être passé sous silence.

« Pendant 35 ans, l'hôte que nous fêtons a été
membre actif d'une des Sociétés savantes les plus
utiles entre toutes celles qui s'intéressent à la médecine dans notre pays. Plus d'une fois, quand les
peuples de l'Orient ont été aux prises avec les ter-
reurs et les horreurs de la peste, le Dr Tholozan,
ce soldat de la science, marcha en avant, pour
faire face aux dangers les plus pressants, calmer
les craintes, diriger le traitement, et indiquer les
moyens préventifs. Durant la guerre de Crimée, il
paya aussi de sa personne, d'une manière aussi
remarquable qu'utile, aidant au progrès de notre

art, autant par son talent médical et chirurgical
que par la publication d'ouvrages fort estimés.
Son essai « sur les hémorragies pulmonaires au
point de vue de la physiologie pathologique, de
l'étiologie et de la séméiologie », ses recherches
« sur les maladies de l'Orient pendant l'hiver de
1854 à 1855 » et son ouvrage sur « l'acrodynie »
témoignent, dès ses débuts, de son caractère con-
sçiencieux, de la fidélité de ses observations et de
la précision de son style.

« Le Dr Thorne-Thorne parla avec enthousiasme
de l'esprit élevé et généreux de notre hôte, qu'il
considère comme le plus remarquable épidémiolo-
giste et hygiéniste de notre temps. Ces éloges n'ont
rien d'exagéré, notre devoir est même d'y ajou-
ter, en faisant ressortir les services considérables
qu'a rendus le Dr Tholozan, comme conseiller de
son souverain et comme médecin dévoué, pru-
dent, honnête, désintéressé, incorruptible. On dit
que le Dr Tholozan est à la veille de prendre sa
retraite et de se fixer dans sa patrie, ce qui sera,
nous l'espérons, une occasion pour lui de re-
tourner souvent ici, afin de visiter ses amis et
ses admirateurs. Si ce projet se réalise, nous pouvons lui donner l'assurance que le banquet si cor-
dial que lui a offert la Société épidémiologique
de Londres ne sera pas le dernier témoignage de
gratitude donné au savant que tout le monde médical tient en si haute et si juste estime. »

Louis Serendat de Belzim, le peintre mauricien si admiré, a fait le portrait du docteur Tholozan, qu'il offre à la Société royale des arts et des sciences de l'île Maurice, après l'avoir exposé au Cercle de l'Union artistique, où cette toile fut fort remarquée.

Grâce au chef-d'œuvre de l'artiste, les Mauriciens vont posséder leur illustre compatriote tel qu'il est, et pour ainsi dire parlant, tellement il est ressemblant.

Mais ce que le pinceau et la plume sont impuissants à rendre, c'est le charme et la séduction de l'homme, l'esprit, la verve, l'humour du causeur, qui a beaucoup retenu parce qu'il a beaucoup vu, la modestie et la simplicité du savant.

XX.

LISTE ABRÉGÉE DES TRAVAUX SCIENTIFIQUES

DU DOCTEUR THOLOZAN

CHOLÉRA

1° Recherches sur quelques points d'anatomie et de physiologie pathologiques du choléra. (1849.)

2° Recherches sur les maladies de l'armée d'Orient pendant l'hiver de 1854 à 1855. (Paris, 1856.)

3° De l'antiquité du choléra dans l'Inde. (*Gazette médicale de Paris*, 1868.)

4° Prophylaxie du choléra en Orient. (Paris, 1869.)

5° Origine nouvelle du choléra asiatique. (Paris, 1870.)

6° Durée du choléra asiatique en Europe et en Amérique. (*Gazette hebdomadaire de médecine.* Paris, 1872.)

7° Nouvelles preuves de l'origine européenne du choléra épidémique. (*Gazette hebdomadaire de médecine.* Paris, 1873.)

8° Considérations générales sur les points d'origine des grandes épidémies cholériques. (*Gazette hebdomadaire de médecine.* Paris, 1875.)

9° De la genèse du choléra dans l'Inde. (Paris. 1875.)

10° Le choléra dans l'Inde, ses degrés, ses variétés au point de vue de l'épidémiologie générale. (Paris, 1885.)

11° Notice sur les apparitions et disparitions brusques des épidémies et du choléra en particulier. (Paris, 1887.)

PESTE

1° Note sur le développement de la peste bubonique dans le Kurdistan en 1871. (*Gazette médicale de Paris*, 1871.)

2° Une épidémie de peste en Mésopotamie. (Paris, 1869.)

3° Histoire de la peste bubonique en Mésopotamie. (Paris, 1874.)

4° Histoire de la peste bubonique en Perse. (Paris, 1874.)

5° Histoire de la peste bubonique au Caucase, en Arménie, en Anatolie. (Paris, 1876.)

6° Les trois dernières épidémies de peste du Caucase. (Paris, 1879.)

7° Des foyers d'origine de la peste de 1848 à 1874. (Académie des sciences, 1874.)

8° La peste dans les temps modernes. Sa prophylaxie défectueuse, sa limitation spontanée. (Académie des sciences, 1880.)

9° Note sur deux petites épidémies de peste dans le Khorassan (Perse). (Académie des sciences, 1882.)

10° De l'éclosion de la peste dans le Kurdistan pendant les 12 dernières années. (Académie des sciences, 1882.)

11° La peste en 1877. (Académie des sciences. 1877.)

12° Du développement de la peste dans les pays montagneux. (Académie des sciences, 1873.)

20 673. — Imprimerie A. Lahure, rue de Fleurus. 9, à Paris

20673. — PARIS, IMPRIMERIE A. LAHURE
9, rue de Fleurus, 9.